CATALOGUE

D'ESTAMPES

ANCIENNES ET MODERNES

PLUS

ENVIRON 10 000

GRAVURES ET LITHOGRAPHIES

QUI SERONT VENDUES EN LOTS

DONT LA VENTE AUX ENCHÈRES PUBLIQUES AURA LIEU

HOTEL DES COMMISSAIRES-PRISEURS, RUE DROUOT, 9

SALLE No 4

Le Mardi 8 Mars 1892, à deux heures précises.

Par le ministère de **Me MAURICE DELESTRE**, commissaire-priseur,
Rue Drouot, 27

Assisté de **M. Jules BOUILLON**, marchand d'estampes de la Bibliothèque
Nationale, rue des Saints-Pères, 3

PARIS — 1892

CONDITIONS DE LA VENTE

La vente sera faite au comptant.

Les acquéreurs payeront *cinq pour cent* en sus des enchères, applicables aux frais.

M. Jules Bouillon, chargé de la direction de la vente, se réserve la faculté de rassembler ou de diviser les lots.

DÉSIGNATION

ESTAMPES

ALIX (P.-M.)

1 — Bailly (Jean Silvain), d'après Garneray. In-fol. en couleur. Belle épreuve.

2 — Le même portrait, en couleur. Très belle épreuve.

3 — *Lamoignon de Malesherbes*. In-fol. en couleur. Très belle épreuve.

4 — *Lepelletier* (Michel), d'après Garneray. In-fol. en couleur. Très belle épreuve.

5 — *Montaigne*, d'après Dumonstier. In-fol. en couleur. Très belle épreuve.

ANONYMES

6 — L'Aveugle mal conduit. Pièce coloriée.

7 — La plus belle (Portrait de Madame Récamier). In-8, en couleur.

8 — *Duchesnois* (Mlle). — *Clotilde* (Mlle). Deux portraits in-18. Belles épreuves en couleur, avec marges.

AVELINE

9 — Plan du magazin royal des armes estably à Paris près la Bastille. Belle épreuve. Rare.

BELLA et RIGAUD

10 — La perspective du Pont-Neuf de Paris. — Vues des chateaux de France etc. Vingt-huit pièces.

BERVIC (Ch.)

11 — La Demande acceptée, d'après Lepicié. Belle épreuve.

BLERY

12 — Son œuvre gravé à l'eau-forte en cinquante-deux pièces.
Très belles épreuves, sur chine.

13 — Paysages gravés à l'eau-forte. Dix-huit pièces en épreuves
d'artiste, sur chine.

14 — Paysages. Cinq pièces gravées à l'eau-forte. Epreuves
d'artiste, sur chine.

BOIZOT (Marie L.-A.)

15 — Louis XVI, roi de France. Deux portraits différents in-4,
d'après L. S. Boizot. Très belles épreuves.

BONINGTON (R.-P.)

16 — Pesmes (Franche-Comté). — Croix-de-Moulin-les-Plan-
ches. — Trois seigneurs assis sur des fauteuils à haut
dossier, lithographie par Ingres. Trois pièces. Très belles
épreuves.

CARMONTELLE (L.-C. de)

17 — Vues du jardin de Monceaux. Six pièces. Très belles
épreuves. Toutes marges.

CATHELIN, CHEVILLET et DUPONCHEL

18 — Louis-Stanislas-Xavier de France. Deux portraits différents, d'après Drouais et Vanloo, — *Chartres* (Louis-
Philippe d'Orléans, duc de). Trois portraits in-4. Belles
épreuves.

CHAPUY

19 — *Rohan-Guéméné* (Louis-René-Edouard, prince de), car-
dinal, d'après Brion. In-4, en couleur. Belle épreuve.

CHARDIN (d'après)

20 — Le Château de cartes, par Simon Duflos. Très belle épreuve, marge.

21 — La même composition gravée par de Marcenay de Ghuy. Trois épreuves d'états différents, dont une à l'eau-forte pure.

22 — Dame prenant son thé, par Fillœul. Très belle épreuve.

23 — Le Garçon cabaretier, par C. N. Cochin. Très belle épreuve.

24 — La Mère laborieuse, par Lépicié. 1740. Très belle épreuve.

25 — L'Œconome, par Le Bas. Très belle épreuve.

26 — La Ratisseuse, sans nom de graveur. Belle épreuve.

CHARLET

27 — Papa, Dada !, — Papa nanan !..., — Papa, caca !... — L'Insubordination, — Réjouissances publiques. Deux épreuves, dont une avec le chiffre 1822. Cinq pièces.

CHATAIGNIER

28 — Costumes des fonctionnaires de la République. Onze pièces in-folio en couleur.

CHAUVEL ᴇᴛ MONZIÊS

29 — Solitude, d'après Daubigny, — Réunion pour un convoi, d'après Ulysse Butin. Deux pièces.

CHEREAU (A Paris, chez)

30 — Costumes français. Trois pièces in-4, en couleur. Rares.

COCHIN (C.)

31 — Bouclier d'Achille tel qu'il est décrit dans Homère, d'après Vleughels. Belle épreuve.

COCHIN (d'après C.)

32 — Les Ages de la vie. Suite de quatre pièces gravées par Schmidt, M.-J. Renard Dubos et Bauvais. Très belles épreuves.

33 — *Chardin* (J. S.), gravé par J. F. Rousseau. In-4. Très belle épreuve, toute marge.

COUTELLIER

34 — *Michu*, reçu à la Comédie Italienne en 1775, in-4 en couleur. Très belle épreuve, toute marge.

35 — Le même portrait. Superbe épreuve. Toute marge.

COYPEL (d'après Ch. et Ant.)

36 — Nymphe endormie lutinée par des amours, — La France rend grâce au ciel de la guérison du roy. Deux pièces gravées par Duchange et Surugue. Belles épreuves.

COYPEL (d'après Ch.)

37 — George Dandin, — Les femmes scavantes, — L'Escole des femmes, — Monsieur de Pourceaugnac. Quatre pièces gravées par Joullain. Très belles épreuves. Rares.

DEBUCOURT (P.-L.)

38 — La Promenade publique. Belle épreuve de la reproduction moderne.

39 — Le Coeffeur. Très belle épreuve, grande marge.

40 — La Femme et le mari, ou les époux à la mode. 1803. Très belle épreuve, toute marge.

41 — Les Galans surannés ou les petits papas à la mode. 1804. Très belle épreuve.

42 — Un Gourmand. 1803. Très belle épreuve, marge.

43 — Les Amateurs de plafonds au Salon. Belle épreuve.

44 — Famille écossaise, — Tambours russe et anglais. Deux pièces d'après C. Vernet, en couleur. Très belles épreuves

DEMARNE

45 — Paysages gravés à l'eau-forte. Cinq pièces. Très belles épreuves.

DEMARTEAU

46 — Le Musicien, — Le Dénicheur de Merles, — Trophées, etc. Quatre pièces gravées à la sanguine, d'après Boucher et Huet.

DE SON

47 — Le somptueux frontispice de l'église Notre-Dame de Reims, ville du sacre, — L'excellent frontispice de l'église de l'Abbaye de Saint-Nicaise de Reims. Deux pièces. Belles épreuves.

DIVERS

48 — Adresses, cartes pour dîners, menus, etc. Dix-huit pièces.

49 — Vues de Paris et de France. Quarante-trois pièces.

50 — Vues de Paris et de Vincennes, par Trimolet, Élise Saugrain, d'après L. Moreau et Rigaud. Neuf pièces.

51 — Statue de Louis. XIV, — Vues de Paris, — Plans et monuments d'architecture divers. Dix-neuf pièces.

52 — Portraits de Louis XVI et de la famille royale des Bourbons. Onze pièces.

53 — Portraits des papes Pie IX, Pie VII, évêques et personnages divers. Dix-huit pièces.

54 — Fac-similés de dessins, par P. Chenay, Leroy, Masson et autres. Quatorze pièces.

DUFLOS (A Paris, chez)

55 — *Bossuet* (Jacques Bénigne), évêque de Meaux. In-4. en couleur.

DUPIN

56 — *Marie-Antoinette*, reine de France, d'après Vanloo. In-fol. Très belle épreuve, toute marge.

DUPIN ET DUMENIL

57 — *Artois* (Charles-Philippe de France, comte d'), d'après Desrais, — *Artois* (Marie-Thérèse de Savoye, comtesse d'), d'après Campara. Deux portraits in-4. Belles épreuves.

DUPUIS, AUBERT, ETC.

58 — Louis, Dauphin de France. Deux portraits différents, — Charles-Emanuel-Ferdinand, prince de Piémont. Trois portraits in-8 et in-4.

DYCK (d'après ANT.)

59 — Saint Herman Joseph à genoux devant la sainte Vierge, L'érection en croix, — Le Portement de croix, — Jésus-Christ porté au tombeau, — Jésus disant au malade : Prends ton lit et va-t-en. Cinq pièces gravées, par Pontius, Bolswert, C. Galle, Lempereur et P. de Iode. Belles épreuves.

60 — La sainte Vierge qui présente le sein à l'enfant Jésus, — L'enfant Jésus debout sur le genou de la sainte Vierge, — La sainte Vierge avec l'enfant Jésus debout sur ses genoux. Deux gravures différentes. — Sainte Rosalie couronnée par l'enfant Jésus. Cinq pièces gravées, par Clouet, Bolswert, Pontius, Carmona. Belles épreuves.

61 — Saint Augustin en extase, — Saint Bonaventure recevant la sainte communion de la main d'un ange, — Saint Antoine de Padoue adorant l'enfant Jésus, — La Charité, Achille à la cour de Licomède. Six pièces gravées par P. de Iode, Rousselet, Caukerken, etc. Très belles épreuves.

62 — *Berghe* (Henri, comte de), — *Arondel* (le comte d'), — *Henriette-Marie*, reine d'Angleterre, — Orange (Frédéric-Henri, prince d'), — Rubens et Van-Dyck en regard l'un de l'autre sur une même planche, — Charles Ier et sa famille. Six pièces gravées, par Pontius, Tardieu, P. de Iode et Baron. Belles épreuves.

ÉCOLE MODERNE

63 — *OEuvres de Meissonier*. Eaux-fortes et lithographies, par Messonnier et autres artistes contemporains. Trente-neuf pièces dans un portefeuille.

64 — Sujets religieux et autres d'après Ingres, Schefer, Paul Delaroche, etc. Sept pièces en partie avant la lettre.

65 — Paysages gravés à l'eau-forte, par Groisellier, F. Henriet, Tanguy, Marie Duclos, Saint-Marcel, etc. Dix-sept pièces en épreuves d'artiste.

66 — Eaux-fortes et gravures diverses, par Tavernier, Massard, Bonnat, Rajon, Flameng, Greux, Aligny, Bracquemond, Le Rat, Lucas, Robaut, Beaumont, L. Lhermite, Lefort, Mme O'Connell, etc. Cinquante et une pièces en épreuves d'artiste.

67 — Animaux et Paysages, par Chauvel, d'après Decamps, Rosa Bonheur, Segé, etc. Neuf pièces.

68 — Sous ce numéro, il sera vendu quelques estampes au burin, par Girard, Massard, Prevost, H. Dupont, Calamatta, Desvachez, Martinet, Alph. Leroy, Rahl, Chappuis, Dubouchet, Lemon, Franck, L. Mar, Sixdeniers, Jazet, Vallot, Fabri, etc.

69 — Sous ce numéro, il sera vendu un portefeuille d'estampes au burin et lithographies, par Fuhr, Levasseur, Belloy, Mouilleron, Massé, Milius, Richomme, Saint-Ève, Girardet, Leroy, Lorichon, Massard, Bervic, Forster, Desvachez, Thevenin, Dien, Buis, Volpato, Steinmuller, Masson, Marochetti, etc.

EISEN (d'après CH.)

70 — Promettre est un et tenir c'est un autre, par Le Grand. Très belle épreuve.

FISCHER

71 — Boutique de tabac et de loterie. Très belle épreuve, marge.

FRAGONARD (d'après H.)

72 — S'il m'était aussi fidèle, par Dennel. Belle épreuve, marge.

FRANÇOIS (ALPHONSE)

73 — Les joies d'une mère, d'après Paul Delaroche. Epreuve d'artiste, sur chine.

LA GARDETTE (P.-C. DE)

74 — Bibliothèque de Sainte-Geneviève. Deux vues différentes, plus une double avant la lettre. Trois pièces.

GAUCHEREL (L.)

75 — Vue de Venise, d'après Ziem. Epreuve d'artiste.

GAUTIER

76 — *Dubois* (Antoine) professeur à l'École de médecine de Paris, d'après Boilly In-4. en couleur. Très belle épreuve.

77 — Le même portrait. Très belle épreuve.

78 — *Forlence*, d'après Boilly. In-4 en couleur. Très belle épreuve avant toute lettre, marge.

GILLOT (CLAUDE)

79 — Feste de Faune, dieu des forêts, — Feste de Bacchus, célébrée par des satyres et des bacchantes, — Feste de Diane troublée par des satyres, — Feste du dieu Pan, célébrée par des sylvains et des nymphes. Suite de quatre pièces. Très belles épreuves.

GIRARD (F.)

80 — Les Adieux du Conscrit. Neuf épreuves d'artiste avant toute lettre.

81 — *Louis XVIII*, buste plus fort que nature, d'après Eugène Bourgeois. Cinq épreuves, dont quatre avant la lettre.

82 — Portrait du Docteur Récamier, d'après Guérin. Huit épreuves avant la lettre.

GIRARD (Madame)

83 — Les Femmes Soulliotes, d'après Scheffer. Six épreuves d'artiste, sur chine.

GREUZE (d'après J.-B.)

84 — La Grand'Maman, par Binet. Belle épreuve, marge.

85 — La Petite Fille au capucin, par Ingouf. Belle épreuve.

86 — La Privation sensible, par J.-B. Simonet. Très belle épreuve, toute marge.

INCROYABLES

87 — La Rencontre des merveilleuses, — Faites la paix, — Ah! qu'il est donc drôle! — Rencontre des Incroyables. Quatre pièces gravées par Mme Le Fèvre, Levilly et Ruotte. Belles épreuves.

INGRES (d'après)

88 — Odalisque, par Sudre. Très belle épreuve.

JACOBI (J.)

89 — La Salle du modèle de l'Académie Imp. Roy. des Beaux-Arts à Vienne, d'après Quadal. Deux épreuves, dont une avant la lettre.

JANINET ET CAMPION

90 — Petites vues de Paris gravées en couleur d'après Durand et Testard. Quatre pièces.

JEAURAT (d'après E.)

91 — La jeunesse, — L'opérateur Barri, — Le Mari jaloux. Trois pièces gravées par Lépicié et Balechou. Très belles épreuves.

92 — La Petite jalouse, — La Relevée, — L'Amour petit maître. Trois pièces gravées par Gaillard, Lépicié et Jeaurat frères. Belles épreuves.

93 — La Servante congédiée, — La Couturière, — Vertumne amoureux de Pomone, se travestit en vieille pour s'en faire aimer. Trois pièces gravées par Duflos, S. D., et Jeaurat frère. Très belles épreuves avec marges.

JORDAENS (d'après J.)

94 — Le Roi boit, par P. Pontius. Très belle épreuve.

95 — Le Satyre chez le Paysan. Deux compositions différentes, gravées par J. Neefs et Vorsterman. Très belles
épreuves.

96 — Pan jouant de la flûte champêtre, — Jupiter et la chèvre Amalthée. Deux pièces gravées par Bolswert. Très
belles épreuves du premier état, avant les n^{os} dans la
marge à droite.

97 — Jésus-Christ interrogé devant Caïphe, — Martyre de
sainte Appoline, — Jupiter et Mercure chez Philémon et
Baucis. Trois pièces gravées par Marinus et Lauwers.
Belles épreuves.

98 — L'Adoration des bergers, deux compositions différentes,
— La fuite en Egypte. Trois pièces gravées par P. de
Iode, Marinus et Pontius. Belles épreuves.

JORDAENS (J.)

99 — La Descente de croix, — Jupiter enfant, allaité par la
chèvre Amalthée, — Mercure et Argus, — Cacus déro-
bant les vaches d'Hercule et les faisant marcher à recu-
lons. Quatre pièces. Très belles épreuves avant l'adresse
de Blootelingh, plus deux doubles.

KELLERHOVEN ET AUTRES

100 — Reproductions de tableaux d'après les maîtres anciens
primitifs, en chromolithographies. Vingt-cinq pièces.

KOLBE

101 — Paysages d'après Salomon Gessner. Deux cent-vingt
pièces dans un portefeuille.

102 — Paysages d'après Salomon Gessner. Cent cinquante-
deux pièces dans un portefeuille.

LANCRET (d'après)

103 — Le Moulin de Quinquengrogne, par Elisabeth Cousinet. Belle épreuve.

104 — A femme avare galant escroc, — Le Faucon, — Le Gascon puni. Trois pièces gravées par de Larmessin. Très belles épreuves. D·G.

105 — Nicaise, par de Larmessin. Très belle épreuve. D·G

106 — Les Oyes de frère Philippe, — Le petit chien qui secoue de l'argent et des pierreries. Deux pièces gravées par de Larmessin. Très belles épreuves. D·G

|LARMESSIN (N. DE)

107 — Louis XV, Roy de France et de Navarre, d'après Vanloo. In-fol. Très belle épreuve. D·G

108 — Louis, dauphin de France, d'après Tocqué et La Tour. Deux portraits différents, in-fol. en pied. Très belles épreuves. D·G

109 — Louis, Dauphin de France, d'après Tocqué et De La Tour. In-fol. en pied. Très belle épreuve.

· LE BEAU

110 — Louis-Auguste, dauphin de France, d'après Fossier. In-fol. Très belle épreuve. D·G

LE BEL, LE CLERC ET SANTERRE (d'après)

111 — Le Marchand d'échaudés, — Enlèvement d'Europe, — *Quand le masque d'Iris cachait ses traits divins.* Trois pièces gravées par Joullain, E. Jeaurat et Chasteau. D·G

LE COUTEUX

112 — Comtesse d'Oxford, d'après Van Dyck, — Marie de Médicis, d'après Rubens. Deux pièces.

LEGRAND (Aug.)

113 — Le Villageois qui cherche son veau, — La Jument du compère Pierre, — Le Rossignol, — L'hermite ou le frère Luce, — La servante justifiée, — Le Bât. Suite de six pièces. Très belles épreuves avec marges. Rares.

LEROY (Alphonse)

114 — Fac-similés d'après les dessins des grands maîtres du musée du Louvre. Quatorze pièces avant la lettre.

LEVACHEZ

115 — La Danse des chiens, d'après C. Vernet, en couleur. Très belle épreuve.

116 — *Cazales, Maury et Malouet*, réunis dans un même médaillon, avec cette inscription : Ils sont nos amis. In-18. Très belle épreuve, marge.

117 — Monsieur, frère du roi, le comte d'Artois et le prince de Condé, représentés dans un médaillon rond, avec cette inscription : Ils reviendront. Pièce in-18 en couleur. Superbe épreuve. Rare.

118 — La même pièce. Très belle épreuve en noir, marge.

119 — *Saxe* (le maréchal de), *Lowendal* (Waldemar, comte de) représentés dans un même médaillon rond, autour duquel sont inscrits leurs noms. In-18 en couleur. Très belle épreuve. Rare.

MARTIAL (N.)

120 — Paris démoli, ou vues du vieux Paris. Neuf pièces en épreuves d'artiste, signées du graveur.

MERYON (Ch.)

121 — Ministère de la marine, sept épreuves. Tourelle, rue de l'École-de-Médecine. Huit pièces.

MICHEL-ANGE (d'après)

122 — Estampes d'après les peintures de Michel-Ange à la chapelle Sixtine, gravées par Fabri et autres. Quarante-cinq pièces.

MORGHEN (R.)

123 — La Jurisprudence, d'après Raphaël. Très belle épreuve.

NATOIRE (d'après Cʜ.)

124 — Les Éléments. Suite de quatre pièces gravées par P. Aveline. Très belles épreuves, avec marge.

PATERRE (d'après)

125 — Le Baiser donné, par Fillœul, plus la même composition gravée en contrepartie par P. J. Deux pièces. Belles épreuves.

126 — Le Savetier, — Le Cocu battu et content. Deux pièces gravées par Fillœul. Belles épreuves.

PATERRE ᴇᴛ LEMESLE (d'après)

127 — Les Aveux indiscrets, — Le Cuvier. Deux pièces gravées par Fillœul. Belles épreuves.

PIERRE (J.-B.-M.)

128 — Mascarade chinoise faite à Rome le Carnaval de l'année 1735, par Messieurs les Pensionnaires du Roy de France en son Académie des arts. Très belle épreuve.

PRUD'HON (d'après)

129 — Psyché enlevée par les Amours, par Muller. Épreuve avant la lettre.

130 — Triomphe de Napoléon. Lithographie par Maurin. Épreuve sur chine.

QUEVERDO (d'après F.-M.)

131 — Marie-Antoinette debout regardant le buste de Louis XVI. In-8. Belle épreuve.

RAJON

132 — Portraits d'après les maîtres anciens. Six pièces en épreuves d'artiste.

RIFFAUT

133 — Diane chasseresse, d'après Diaz. Belle épreuve.

ROCHEBRUNE (O. DE)

134 — Partie de son œuvre. Vingt pièces gravées à l'eau-forte.

RUBENS (d'après P.-P.)

135 — Saint Sébastien, — Saint François d'Assise recevant les stigmates, — Élie auquel un ange apporte la subsistance dans le désert, — La Madeleine qui s'arrache les cheveux, — Hercule tuant le Lion. Six pièces gravées par Pannels, Rubens. Belles épreuves.

136 — Le Jugement de Salomon, — Sennacherib renversé de son cheval, — Suzanne surprise par les vieillards. Trois pièces gravées par Bolswert, Soutman et Pontius. Très belles épreuves.

137 — Mariage de la Vierge, par Bolswert. Très belle épreuve.

138 — L'Adoration des Mages, — Jésus tenté par le Diable, — Jésus et la femme adultère, — Apparition des anges aux saintes femmes, — Les Pères de l'Église. Cinq pièces gravées par Witdouc, Jegher, Bromley, Vorsterman et C. Van Dalen. Très belles épreuves.

139 — Jésus-Christ à table avec les Pèlerins d'Emmaüs, — La Chute des réprouvés, — Les Quatre Évangélistes. Trois pièces gravées par Van Sompel, Soutman et Bolswert. Belles épreuves.

140 — Les Quatre Pères de l'Église, — Les Pères et les Docteurs de l'Église agitant la question du mystère de la Transsubstantiation. Deux pièces gravées par C. Galle et Snyers. Très belles épreuves.

141 — La sainte Vierge et l'enfant Jésus, qui est appuyé sur un berceau, — L'enfant Jésus et saint Jean, jouant avec un agneau, — Saint François d'Assise recevant l'enfant Jésus des mains de la sainte Vierge, — Saint François d'Assise mourant. Quatre pièces gravées par Lasne, Visscher et Snyers. Très belles épreuves.

RUBENS (d'après P.-P.)

142 — Saint Ildefonse recevant une chasuble des mains de la
sainte Vierge, — Saint Juste décollé, — Le Martyre de
saint Laurent, — Le Martyre de saint Thomas. Quatre
pièces gravées par Witdouc, Vorsterman et Neeffs. Très
belles épreuves. S. G.

143 — Ixion trompé par Junon, — Progné faisant voir la tête
de son fils à son épouse, — L'Enlèvement de Proserpine,
— Les Noces de Thétis et de Pélée. Quatre pièces gravées par Van Sompel, Soutman et Wyngaerde. Belles
épreuves. S. G.

144 — Bacchanale, — Bacchus ivre, soutenu par un Satyre
et par un Maure qui tient une coupe à la main, —
Triomphe de Bacchus monté sur un âne, — Silène ivre
soutenu par un Satyre et par une autre figure, —
Marche de Silène. Cinq pièces gravées par Suyderhorf,
Popels, Jegher, et De Launay. Très belles épreuves. S. G.

145 — Sénèque debout, prêt à expirer dans le bain, — Des
soldats faisant tapage, — La Fécondité, — La Famille
de Rubens, — Deux des grands paysages. Six pièces
gravées par Voet, Wyngaerde, Schmuzer et Bolswert.
Belles épreuves. S. G.

146 — Sujets de chasses. Huit pièces gravées par W. Leeuw,
Soutman, Suyderhoef, etc. Très belles épreuves. S. G.

SERGENT-MARCEAU

147 — *Canova*, d'après Appiani. In-fol. en couleur. Superbe
épreuve avant la lettre. Rare. S. G. et R. D.

148 — *Necker*, d'après Duplessis. In-4 en couleur. Belle
épreuve, marge. R. R.

SILVESTRE et RIGAUD

149 — Vues de villes et châteaux de France. Trente pièces.

SIMONNEAU

150 — Monsieur, duc de *Bourgogne*, d'après P. Gobert. In-fol.
Belle épreuve. Rare.

SOCIÉTÉ FRANÇAISE DE GRAVURE

151 — Estampes diverses par Didier, Bertinot, J. Jacquet, Huot, Leenhoff, etc. Neuf pièces, dont huit avant la lettre.

SOUTMAN

152 — Anne d'Autriche, reine de France. In-fol. Belle épreuve.

SPAENDONCK (G. van)

153 — Fleurs gravées par Le Grand et Carrée. Vingt-trois pièces en couleur.

VANLOO (d'après C.)

154 — La Confidence, — La Sultane. Deux pièces gravées par Beauvarlet. Belles épreuves, marge.

VERNET (d'après C.)

155 — Intérieur du café Procope, par Coqueret. Épreuve avant la lettre.

VERNET (H.)

156 — Portraits et sujets divers, lithographiés par H. Vernet. Vingt pièces.

VILLENEUVE (A Paris, chez)

157 — *Mirabeau*, en buste dans un médaillon ovale, sur fond rouge. In-8. Belle épreuve.

VOYEZ

158 — Louis-Auguste, dauphin de France, — Marie-Antoinette, reine de France. Deux portraits in-8, d'après Marillier et Vanloo. Très belles épreuves.

WALTNER (Ch)

159 — Le Doreur, d'après Rembrandt. Très belle épreuve.

WATTEAU (d'après Ant.)

160 — Bon voyage, par B. Audran. Très belle épreuve.

161 — *Au faible efort que fait Iris pour se défendre...*, par C. N. Cochin. Belle épreuve.

162 — Les Comédiens italiens, gravé à l'eau-forte par Watteau et terminé au burin par Simonneau. Belle épreuve avec l'adresse de Sirois.

163 — La Contredanse, par Baron. Très belle épreuve.

164 — Départ des Comédiens italiens en 1597, par L. Jacob. Très belle épreuve.

165 — Les Enfants de Bacchus, — Les Amusements de Cythère. Deux pièces gravées par Fessard et Surugue. Très belles épreuves.

166 — Les Jaloux, par G. Scotin. Très belle épreuve.

167 — L'Occupation selon l'âge, par Dupuis. Très belle épreuve.

168 — Pomone, par Boucher. Très belle épreuve.

169 — La Promenade, — L'Amant repoussé, — Le Danseur aux castagnettes. Trois pièces gravées par P. Mercier. Belles épreuves.

170 — *Rebel* (J.-B.), — *La Roque* (Antoine de). Deux portraits gravés par Moyreau et Lépicié. Belles épreuves.

171 — La Ruine, — *Heureux âge ! âge d'or...*, — *Pour garder l'honneur d'une belle.* Trois pièces gravées par Baquoy, Tardieu et Cochin. Belles épreuves.

172 — Le Frileux, — L'Enjoleur, — Le Buveur. Trois pièces arabesques gravées par Moyreau et Aveline. Belles épreuves.

173 — Le Marchand d'Orvietan, — Le Frileux, — La Déesse. Trois pièces par Moyreau et Huquier.

WATTEAU (d'après ANT.)

174 — Les Saisons. Suite de quatre pièces arabesques en largeur, gravées par Huquier.

175 — Sous ce numéro, il sera vendu vingt portefeuilles d'Estampes de toutes les écoles.

Imprimerie D. Dumoulin et Cie, à Paris.